Die Insel

Die Insel

Sylt in Aquarellen von
Wolfgang Heinrich
und Texten von
Annemarie Winger

Verlag Hans-Peter Kock

Verlag Hans-Peter Kock
Postfach 219010, 33697 Bielefeld
Telefon 0521-285566, Fax 0521-295594
Satz: Stolte Fotosatz, 33602 Bielefeld
Druck: Jütte-Messedruck GmbH, 04329 Leipzig

ISBN 3-921991-13-7

Vorwort

Syltfreunde sprechen oft nur von „der Insel", wenn sie die Insel Sylt meinen. Für sie bedeuten diese beiden Wörter alles das, was ein Inselerlebnis an der Nordseeküste ausmachen kann – und was Sylt offenbar erfüllt: eine abwechslungsreiche Landschaft, extreme Wetterverhältnisse, Weite und Einsamkeit ebenso wie Geselligkeit und Vergnügen, auch ein wenig Luxus und ein vielfältiges gastronomisches Angebot. Daher lautet der Titel unseres Bildbandes „Die Insel".

Einen Künstler sprechen auf Sylt besonders die Vielfalt der Insellandschaft und die wechselvollen atmosphärischen Stimmungen an, die er auf der Insel erlebt. Er wird durch sie inspiriert. So sind viele Fotografen und Maler auf die Insel gekommen und haben sie immer wieder, jeder auf seine Art, im Bild festgehalten.

Hier ist Wolfgang Heinrich derjenige, dem dieses mit dem Medium der Aquarellmalerei auf eine ganz besondere Weise gelingt. Hat ein Fotograf nur die Möglichkeit, Gesehenes in einer Momentaufnahme festzuhalten, so kann ein Maler Bilder aus eigener subjektiver Sicht darstellen. Er kann etwas weglassen oder hinzufügen, er kann die Farben zurücknehmen oder übertreiben und auf diesem Wege interpretierend sein *eigenes* Seherlebnis dem Betrachter vermitteln. Wolfgang Heinrich orientiert sich am Gegenständlichen. Er verzichtet jedoch in seinen Bildern auf Unwesentliches und regt durch sein Farbspiel Empfindung und Phantasie des Betrachters an.

Seit seinem ersten Besuch im Jahre 1965 zog es den Maler Wolfgang Heinrich immer wieder auf diese Insel. Im Verlaufe der Jahre entstand ein beträchtliches Werk, das der Künstler in verschiedenen Ausstellungen seinem Publikum zugänglich gemacht hat und aus dem seine Liebe zu dieser Insel spricht. Das hat uns begeistert und zur Veröffentlichung in diesem Bildband ermutigt. Aus der Fülle der Bilder mußten wir eine Auswahl treffen. So fügen wir der Reihe von Fotobildbänden eine Variante hinzu, die dem Betrachter die Insel mit dem Auge eines Malers zeigt.

In gleicher Weise persönlich engagiert sind die Texte geschrieben. Sie stammen aus der Feder einer Sylterin. Annemarie Winger aus Keitum, bekannt durch ihre schriftstellerische Arbeit für verschiedene Publikationen über Sylt und durch ihre Orts- und Inselführungen, hat den Künstler bei seinen Exkursionen auf der Insel begleitet und uns in diesem Buch mit Kenntnissen und eigenen Gedanken bereichert.

Möge dieser Bildband den alten Syltfreunden „ihre Insel" einmal aus einer anderen, neuen Sicht zeigen, den Gästen, die zum ersten Mal auf die Insel kommen, helfen, Sylt kennenzulernen, und die ambitionierten Maler und Kunstinteressierten zu eigener Kreativität anregen.

Die in diesem Buch reproduzierten Aquarelle sowie weitere Bilder von der Insel hat der Verlag in Kommission übernommen. Sie können bei den auf der Insel geplanten Ausstellungen im Original beurteilt und auch erworben werden.

Verlag Hans-Peter Kock

Zur Geschichte der Insel

Die Insel Sylt, dem nordfriesischen Festland vorgelagert, ist seit Tausenden von Jahren besiedelt. Darüber sagen die vielen Hünengräber, Wohnhügel und Kultstätten aus, die aus vorgeschichtlicher Zeit erhalten geblieben sind.

Im Keitumer Heimatmuseum befindet sich eine vorbildliche archäologische Ausstellung der Grabungen von Archsum, in den sechziger und siebziger Jahren, die den Wissenschaftlern viele neue Erkenntnisse brachten.

Urkundlich genannt wird Sylt oder „Sild" erstmals 1141. In einem Bericht heißt es: „Man kann sich kaum einen Volksstamm vorstellen, der so schwere, interessante und packende Beiträge an Lebensereignissen vorzuweisen hat wie die Inselbewohner der nordfriesischen Küste. Bedingt durch die Insellage, die Seefahrt und die Sturmfluten. Die Geschichte ist sehr wechselhaft."

Eine lange Reihe von Daten der außergewöhnlich schweren Sturmfluten könnte man aufzählen. Sei es die „Manndränke" von 1354 oder die verheerende Flut von 1634, die an der gesamten nordfriesischen Küste große Land- und Menschenverluste forderten.

1436 versank das südlich vom heutigen Westerland gelegene „Eydum" im Meer. Die Überlebenden gründeten danach auf dem höher gelegenen Geestkern der „Hedigen" den Ort Westerland.

Auch Alt-Rantum ging in der Nordsee unter. Der dort 1777 geborene Kapitän und Chronist Henning Rinken berichtet darüber, wie der große Sturm vom 26. Januar 1794 seine Eltern endgültig veranlaßte, das Haus in den Rantumer Dünen abbrechen und in Westerland weit ab von Dünen und Meer wieder neu errichten zu lassen. Alt-Rantum wurde mit der Zeit vom Flugsand verschüttet und schließlich vom Meer „geholt".

Und im Norden der Insel wurde im Verlaufe des 16. Jahrhunderts das alte Dorf List nach und nach vom Flugsand der unbefestigten Dünen verschüttet.

So sehr schon immer Maßnahmen zum Schutz der Insel ergriffen wurden, so wenig haben sie bis heute zu bewirken vermocht, und man ahnt angesichts der beträchtlichen Schäden, welche die großen Sturmfluten immer wieder hinterlassen haben, daß Menschenhand gegen diese Naturgewalten nur wenig auszurichten vermag. Aber es scheint den Inselbewohnern mitgegeben zu sein, den Mut nicht zu verlieren und mit dieser Gefahr leben zu können.

Seit einigen Jahren werden zum Schutz der schwer gefährdeten Küstenabschnitte umfangreiche Sandvorspülungen vorgenommen, um die Substanz der Insel zu erhalten. Lange schon haben sich die Buhnen als nutzlos erwiesen. Ebenso bieten die Tetrapoden (6 1/2 Tonnen schwere vierfüßige Betonklötze) nicht den Schutz, den man erhoffte. Diese wurden bei Sturmfluten hinterspült und in einigen Fällen von der Gewalt des Meeres um etliche Meter versetzt.

Es wird berichtet, daß die Sylter Männer im 15., 16. und 17. Jahrhundert neben der kärglichen Landwirtschaft, von der die Bevölkerung kaum existieren konnte, vor allem Heringsfang in der Nordsee, besonders um Helgoland, betrieben haben. Die Heringe wurden durch Einsalzen haltbar gemacht und in den Festlandshäfen verkauft, wobei die Klöster in der Fastenzeit die größten Abnehmer waren. Als die Heringsschwärme jedoch immer mehr abnahmen, zudem die Flutkatastrophe von 1634 erhebliche Verluste an Menschenleben, und damit auch an Seeleuten und Fischerbooten forderte, war den Syltern die Existenzgrundlage genommen und die Not groß.

Da jedoch die Holländer zu dieser Zeit erfahrene Seeleute für ihre Walfangflotte suchten, ergab sich für die Männer der Inseln eine neue Erwerbsmöglichkeit. Sie ließen sich anwerben und nahmen bis etwa 1800 am Walfang im Eismeer um Grönland und Spitzbergen teil. Einige Sylter Seefahrer brachten es dabei bis zum Kommandeur. Einer der berühmtesten war Lorens Petersen de Hahn aus Westerland.

Auch die Handelsschiffahrt entwickelte sich in der Zeit mehr und mehr und brachte den Inselbewohnern einen ungewohnten Wohlstand, Einflüsse von außen machten sich bemerkbar. Diese zeigten sich besonders in der Ausstattung der Häuser, die bis dahin klein und sehr bescheiden, aber ab Mitte des 18. Jahrhunderts größer und schöner gebaut wurden als zuvor:

Das Baumaterial kam teils vom nahen Festland, aber überwiegend als Ballast mit den Schiffen zurück, die zuvor die Sylter Seeleute in die holländischen Häfen gebracht hatten. Es werden Mauersteine genannt, vor allem aber kunstvoll bemalte holländische Wandfliesen, sogenannte „Porzellain-Wandsteine“, mit denen die Stuben der Friesenhäuser ausgekleidet wurden.

Aus Schiffsstrandungen stammte das Holz für den Bau der Häuser, wie Ständer und Tragebalken, und wurde auf Auktionen beim Strandvogt ersteigert. Bretter aus nordischer Kiefer kamen im Tausch gegen Gerste aus Norwegen und Fensterglas, das sehr teuer war, aus England.

Das Reet für die hohen Dächer der Sylter Häuser wuchs auf der Insel. Reichte es nicht aus, wurde es mit Küstenschiffen vom nahen Festland geholt. Mit Stricken aus gedrehtem Dünenhalm nähte man es Lage um Lage an die Dachlatten. Auf den Wattwiesen wurden die besonders haltbaren langen, schmalen Grassoden für den Dachfirst gestochen.

Und zum Schutz der Grundstücke und Gärten setzte man aus großen „Findlingen“ Wälle auf. Diese Findlinge ebenso wie die wesentlich kleineren Steine der sogenannten „Steinbrücke“ unter der Dachtraufe der Häuser stammten aus den Endmoränen der Eiszeit.

Mit Beginn des 19. Jahrhunderts war die große Zeit des Walfangs vorbei. Hinzu kam die von Napoleon I. verhängte Kontinentalsperre von 1806 bis 1813, welche jeglichen Schiffsverkehr zum Erliegen brachte. Somit verschlechterten sich die Lebensverhältnisse allgemein. Nach Aufhebung der Kontinentalsperre lebte die Schiffahrt wieder auf. Diesmal heuerten die Sylter Seeleute auf Handelsschiffen überwiegend in Hamburg, Bremen, Kopenhagen, Amsterdam, aber auch in anderen Häfen an. Besonders aus dieser Zeit sind viele hervorragende Kapitäne, Steuerleute und Mannschaften bekannt geworden, die auf See Unglaubliches geleistet und durchgestanden haben. Hierüber sagen aufschlußreiche Tagebücher aus. Doch manches Schiffsunglück brachte auch viel Leid über die betroffenen Familien, wenn der Mann oder die Söhne nicht zurückgekommen waren. „Hi es blewen" („Er ist geblieben"), hieß es dann. Gerieten Familien in Not, half man sich gegenseitig, so gut man es vermochte. Die Sylter Frauen waren bekannt für ihren Fleiß und ihre bescheidene Lebensart. Während der Abwesenheit ihrer Männer waren sie immer auf sich selbst gestellt.

In alten Berichten wird die Landschaft der Insel als recht einsam und kahl beschrieben. Bäume gab es kaum, allenfalls vom Sturmwind verwehte, verkrüppelte Dornenbüsche. Keitumer Kapitäne, insbesondere Jürgen Jens Lornsen, brachten junge Bäume vom Festland mit, um auszuprobieren, ob diese dem Sylter Klima standhalten würden. So legte man 1821 auf dem heutigen Flugplatz eine kleine Hölzung an. Diese nannte man „die Probe", später dann „Lornsenhain". Da der Versuch glückte, wurden ab 1850 zunächst im geschützt liegenden Dorf Keitum weitere Bäume angepflanzt, die heute größtenteils noch stehen.

Es heißt, daß unter recht beschwerlichen Umständen in der ersten Hälfte des 19. Jahrhunderts auch schon vereinzelt Gäste auf die Insel gekommen sind. Zu der Zeit waren die Dörfer noch klein und lagen weit auseinander. Keitum hatte einen eigenen Charakter und war der Hauptort der Insel. Von den Orten Munkmarsch, Keitum und der Landspitze Nösse gab es nur eine *unregelmäßige* Fährverbindung zum nahen Festland mit Segelschiffen und Booten. Eine Überfahrt konnte durch ungünstige Wetter-

(Fortsetzung Seite 110)

Standpunkte des Malers, von wo er seine Syltmotive gemalt hat. Die genannten Ziffern entsprechen den Seitenzahlen des Buches.

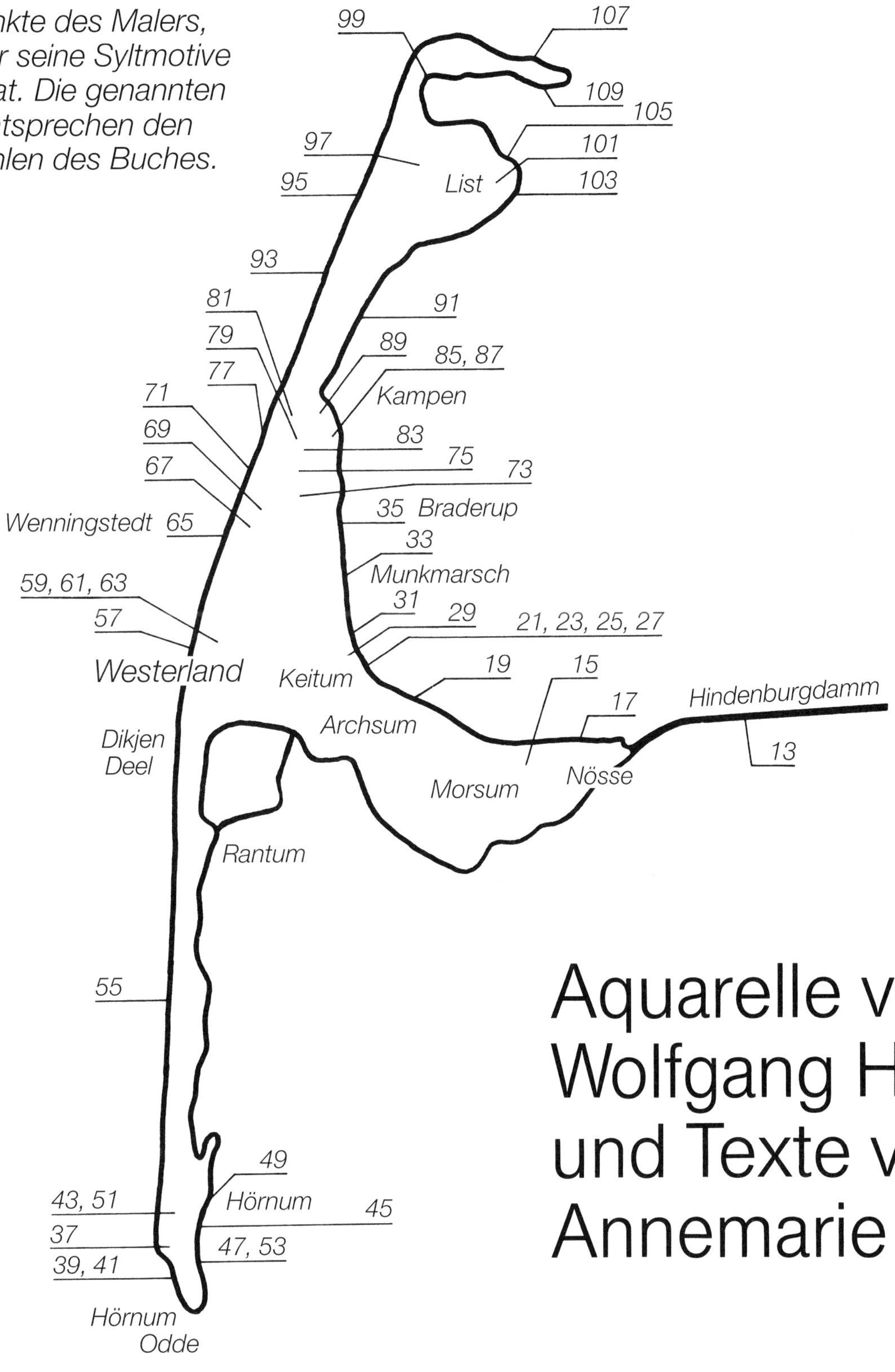

Aquarelle von Wolfgang Heinrich und Texte von Annemarie Winger

Nach der Fahrt mit dem Zug über den fast 12 Kilometer langen Hindenburgdamm nähert sich der erwartungsvolle Besucher der Insel Sylt, von der es heißt, sie sei in ihrer Vielfalt unvergleichlich. Das Bild zeigt am Horizont eine schmale Dünenkette, davor das Süderhaff bei Ebbe. In den verbliebenen Wasserläufen, den Prielen, spiegeln sich Wolken und Himmel – so vermittelt uns der Künstler mit diesem Bild eine leise Vorahnung von dem, was die Insel an Naturschönheiten zu geben vermag.

Südliches Wattenmeer bei Ebbe

Vom Zug aus sind die ersten Häuser von Morsum zu sehen. Typisch die mit Reet gedeckten Friesenhäuser, die man so nur auf den Nordfriesischen Inseln antrifft. Sie wurden fast immer in West-Ost-Richtung gebaut, um dem starken Westwind eine möglichst geringe Angriffsfläche zu bieten. Die Bäume, hundert bis hundertfünfzig Jahre alt, stehen meist vom Wind weggeneigt und haben den Künstler immer wieder zum Malen angeregt.

Friesenhaus bei Morsum

Schon von weitem zu erkennen: Das rotbraunfarbene Morsumkliff, eine durch Erosion des Meeres entstandene Steilküste mit Tertiärablagerungen sowie Kaolinsand, Glimmerton und Limonitsandstein, Millionen Jahre alt. Für Naturfreunde und Geologen ein besonders interessantes Gebiet, findet man hier doch allerlei Fossilien und manchmal auch gefäßartige Gebilde aus braunem Ton – es heißt, sie seien „das Geschirr der Unterirdischen von Sylt".

Morsumkliff

Von diesem Standpunkt aus öffnet sich dem Betrachter ein weiter Blick über die Keitumer Bucht im abendlichen Licht. Links im Bild ist Keitum mit der außerhalb gelegenen Kirche zu erkennen, daneben liegt Munkmarsch und am Ende der langen Dünenkette Deutschlands nördlichste Ortschaft List. Diesseits liegt das Morsumkliff, dahinter der Hindenburgdamm, der von Nösse aus auf das Festland führt.

Keitumer Bucht mit St. Severin

Der „Takerwai" (Dachdeckerweg) in Keitum, einer der schönsten Wege durch das alte, auf der Wattseite der Insel gelegene Dorf, das durch die Seefahrt im 18. und 19. Jahrhundert zu bis dahin nicht gekanntem Wohlstand gelangte. Links im alten Pastoratsgarten sieht man majestätisch gewachsene Bäume, die Mitte des vorigen Jahrhunderts gepflanzt wurden. Geht man weiter, so entdeckt man zu beiden Seiten alte Häuser aus dem 18. Jahrhundert, die heute unter Denkmalschutz stehen. Zu jener Zeit verwandte man als Baumaterial hauptsächlich Holz aus Schiffsstrandungen, das beim Strandvogt ersteigert werden mußte. Ansonsten war man gezwungen, es per Schiff aus dem fernen Norwegen zu holen. Mauersteine und Fliesen kamen meist als Ballast mit den Segelschiffen aus Holland mit.

„Takerwai“, Keitum

Dieses reetgedeckte Friesenhaus am „Pröstwai“ (Pastorenweg) in Keitum mit dem typischen alten Giebel stammt aus dem 17. Jahrhundert. Stall und Scheune wurden später angebaut. Heute hat man Wohnungen daraus gemacht. Das Reet zum Decken der Dächer erntete man zu der Zeit noch auf der Insel selbst oder man ließ es vom Festland kommen. Reetdächer müssen an der Wetterseite nach etwa 40 Jahren, an der vom Wetter abgewandten Seite erst nach etwa 70 Jahren erneuert werden. Die Gärten sind von Steinwällen umgeben, deren Steine den Endmoränen der Eiszeit entstammen, man findet sie überall auf der Insel.

Friesenhaus im „Pröstwai“, Keitum

Hier hat der Künstler eines der schönsten noch erhaltenen Friesenhäuser von Keitum im Bild festgehalten. Es wurde 1786 von Kapitän Christian Becker und seiner Frau Karen Jensen erbaut und ist über 200 Jahre alt. An der Westseite baute man 1803 eine Scheune im Winkel an, aus der 1925 dann ein Wohntrakt wurde. Die schmiedeeisernen Maueranker über der vorderen Haustür am Giebel mit den Initialen C.B. und K.B. stehen für die Namen der Erbauer. Die Buchstaben U.J. und D.U. unter dem Westerwalm stehen für die Vornamen der Eltern von Frau Karen, die Uwe Jensen und Dürken Uwen hießen und mit im Haus wohnten. Das Haus ist nicht allein in seiner äußeren Form erhalten geblieben, sondern auch innen sind noch fast sämtliche Einbauten aus dem 18. Jahrhundert vorhanden. Dieses alte Friesenhaus repräsentiert die große Zeit der Seefahrt im 18. Jahrhundert und steht unter Denkmalschutz.

Altes Kapitänshaus im „Uwe-Jens-Lornsen-Wai“, Keitum

Nach einem ausgiebigen Spaziergang lädt die „Kleine Teestube“ zum Verweilen ein, um den Gast mit friesischen Spezialitäten zu verwöhnen. Hier wurde ein altes Keitumer Haus behutsam umgestaltet. Besonders gelungen und schön ist die Haustür, die der alten Tür nachgearbeitet wurde. Den Künstler hat zu dieser Impression wohl eher die sommerliche Gartenatmosphäre mit den Sonnenschirmen und den Blumen inspiriert.

Garten der „Kleinen Teestube“ in Keitum

Die Keitumer St.-Severin-Kirche auf einer Anhöhe nahe am Wattenmeer, doch abseits vom Dorf gelegen, ist weithin sichtbar. Sie wurde im 12. Jahrhundert im romanischen Stil erbaut. Erst 200 Jahre später errichtete man nach Westen hin den Kirchturm, der lange Zeit auch als Seezeichen diente. Der sonntägliche Gottesdienst und die Kirchenkonzerte sind ein besonderes Erlebnis und werden gerne besucht. Auf dem rund um die Kirche angelegten Friedhof entdeckt man viele kunstvoll gestaltete Grabplatten als Zeugen der großen Zeit der Seefahrt im 18. und 19. Jahrhundert.

St.-Severin-Kirche, Keitum

Das baumbestandene Keitumer Kliff, davor das Wattenmeer mit Ebbe und Flut im ewigen Wechsel. Bei Ebbe sieht man die parallel und senkrecht zur Küste angelegten Lahnungen, die der Anlandung dienen, um die Küste zu schützen und zu erhalten. Die erste Pflanze, die auf „Neuland“ wächst, ist der Queller. Aus dem auf dem Kliff gelegenen „Nielsens Kaffeegarten“ hat man einen einmaligen Ausblick über die gesamte Keitumer Bucht. Das dänische Festland ist je nach Wetterlage mal mehr, mal weniger deutlich zu sehen. Bei sehr guter Sicht kann man sogar Häuser erkennen. Liegt das Festland besonders „hoch“ mit einem Streifen zwischen Wasser und Land, deutet das auf Regen hin.

Keitumer Kliff

Der Hafen von Munkmarsch ist heute Ausgangspunkt des Wassersports im Wattenmeer. Bis zur Fertigstellung des Hindenburgdammes 1927 war der Munkmarscher Hafen für die Insel Sylt von großer Bedeutung, ging doch von hier der Personen- und Frachtverkehr mit Segelschiffen und kleinen Dampfern der „Sylter Dampfschiffahrtsgesellschaft“ nach Hoyerschleuse (heute Dänemark) zum nahen Festland. Zu damaliger Zeit waren die Überfahrten oft recht beschwerlich. Abhängig von Ebbe und Flut, von Wind und Wetter und im Winter oft vom Eisgang behindert, endete manche Fahrt recht abenteuerlich. Im Hintergrund des Bildes die Bucht mit Keitum und St. Severin.

Hafen von Munkmarsch

Wandert man weiter am Wattenmeer entlang gen Norden, gelangt man hinter Munkmarsch an das Weiße Kliff von Braderup. Es ist die Farbe des feinen weißen Kaolinsandes, nach der dieser Küstenabschnitt benannt worden ist. Am Ufer ein Treibwall aus Seegras, der anzeigt, wie hoch die letzte Flut gestiegen ist. Bei Ebbe findet man darin Schnecken, Muscheln, Wellhorngehäuse, Blasentang, Eischwämme und Krebse, Wattvögel suchen hier nach Nahrung.

Das Weiße Kliff bei Braderup

Es muß ein schöner Sommertag gewesen sein, an dem der Künstler dieses Bild von den Ferienhäusern in den Dünen von Hörnum geschaffen hat: Es strahlt eine sommerliche Wärme und Ruhe aus, die mancher Feriengast so lange herbeigesehnt hat. Der helle Sand ist mit Strandhafer bewachsen, der den Dünen ihren Halt gibt. In den Dünentälern blüht die Heide und man findet Moosbeeren und schwarze Heidelbeeren. Gern erinnern sich die Sylter an die Zeit ihrer Jugend, als das Sammeln von Möweneiern noch erlaubt und einträglich war. Seit 1972 stehen die Hörnumer Dünen unter Naturschutz.

Ferienhäuser in „Niels Glaat“, Hörnum

Eine geheimnisvolle Stille liegt über der See, der helle Sand strahlt noch die Hitze eines warmen Sommertages aus, doch kündigen dunkle Wolken ein nahendes Gewitter an. Eine Wanderung um „Hörnum Odde", so heißt die Südspitze der Insel, gehört zu den schönsten Erlebnissen. Durch Sturm und ungewöhnlich starke Fluten verändert sich dieser Abschnitt von Jahr zu Jahr sichtbar. Strömungen sind hier besonders stark, und man versucht, die Küste immer wieder durch Sandvorspülungen zu schützen. Von den weit draußen liegenden Seehundsbänken verirren sich hin und wieder ein paar dieser possierlichen Tiere auf diesen Strand.

Weststrand von Hörnum, von Süden aus gesehen

Mit kommender Flut zieht das Gewitter auf, der Himmel hängt bleischwer über der Insel und man glaubt, das Grollen des Donners zu vernehmen. Einen versteinerter Seeigel, den man mit etwas Glück am Flutsaum finden kann, nennen die Insulaner „Donnerstein“. Im Volksglauben heißt es, wer einen „Donnerstein“ bei sich trägt, kann nicht vom Blitz getroffen werden.

Weststrand von Hörnum, von Süden aus gesehen

Als wenn sich der Regen des wolkenverhangenen Himmels direkt über das Aquarellpapier ergossen hätte, so gelang dem Künstler mit diesem Bild, die auf Sylt so typische Regenstimmung wiederzugeben, wie hier in Hörnum mit Blick zur Wattseite. Der Leuchtturm, 1907 auf einer Düne erbaut, ist das Wahrzeichen von Hörnum. Der bis heute beträchtlich angewachsene Ort hatte bis 1927 nur sieben Häuser.

„Lorens-de-Hahn-Wai“ mit Leuchtturm von Hörnum

Lange und schwer steht oft ein Gewitter über der Insel. Wenn es nicht mit der Ebbe abzieht, bleibt es bis zur nächsten Ebbe, es wandert um die Insel, sagen die Sylter. Hier an der Wattseite von Hörnum zieht es nach Westen ab, die Wolken reißen auf und eine wohltuende Stille kehrt ein, die den Strandwanderer seinen Marsch um die Südspitze der Insel fortsetzen läßt.

Wattseite von Hörnum, gen Südspitze gesehen

Der Himmel klart auf und langsam tauchen die Inseln Föhr und Amrum am Horizont auf. Je nach Wetterlage erscheinen sie dem Betrachter oft unwirklich nah und groß. Eine Überfahrt auf die Inseln, zu den nahen Halligen oder auch nach Helgoland kann man von Hörnum aus unternehmen und gehört zu den besonderen Höhepunkten eines Inselurlaubs.

Süderhaff mit Föhr und Amrum

Im tideunabhängigen Hörnumer Hafen an der Südspitze der Insel herrscht immer reges Treiben. Nach festem Fahrplan laufen hier die „Adler"-Schiffe zu den Seehundsbänken und benachbarten Inseln und Halligen ein und aus. Hier liegt auch der Kutter des einzigen Krabbenfischers von Hörnum, der seine Krabben fangfrisch direkt vom Schiff am Hafen verkauft und auch in seiner Gaststätte „Kiek ut" in verschiedenen Zubereitungen den Gästen anbietet.

Hafen von Hörnum

Der rotweiße 34 Meter hohe Leuchtturm von Hörnum erfüllt am Südende der Insel eine wichtige Funktion, sind hier doch vordem immer wieder Schiffe gestrandet. Wie man in alten Chroniken nachlesen kann, haben sich in den vergangenen Jahrhunderten in den einsamen Dünentälern tragische Schicksale abgespielt. Diese Gegend war lange Zeit menschenleer und Hilfe konnte Gestrandeten kaum zuteil werden. In der Zeit von 1918 bis 1933 war in diesem Leuchtturm Deutschlands kleinste Schule untergebracht – mit zwei Kindern und einem Lehrer.

„Greth-Skrabbel-Wai“ mit Leuchtturm von Hörnum

In der unendlichen Weite des Himmels über dem Wattenmeer bei Hörnum der Widerschein eines Sonnenuntergangs in seinen unwirklich erscheinenden Farben. In den stark reduzierten Formen und oft übertriebenen Farben vermittelt uns der Künstler seine Empfindungen. Doch ob auf einem Foto oder auf einem Aquarell wie hier, immer wird das Erlebnis des Abbilds zurückstehen hinter dem, was der Betrachter in der Wirklichkeit zu empfinden vermag.

Abendstimmung an der Wattseite von Hörnum

Inmitten der einsamen Dünenwelt zwischen Rantum und Hörnum, etwa auf der Höhe von Puan Klent liegt an der Westseite „Sansibar“, ein Restaurant besonderer Art. Hier genießen die Gäste in rustikaler Blockhausatmosphäre vorzugsweise Fischspezialitäten und haben die Möglichkeit, unter Hunderten von Weinen den passenden Jahrgang auszuwählen – bei einem schönen Sonnenuntergang ein besonderes Erlebnis.

Restaurant „Sansibar“

Wandert man an der Seeseite über Rantum und Dikjendeel weiter gen Norden – für die etwa 36 km lange Strecke von der Südspitze der Insel bis zum „Ellenbogen" würde man einen ganzen Tag benötigen – so gelangt man an den Strand von Westerland mit seiner unverkennbaren Silhouette. Das Nordseeheilbad Westerland wurde als erstes Kurbad der Insel 1855 gegründet. Zu damaliger Zeit war das Baden am Strand noch streng reglementiert und hatte nach Geschlechtern getrennt zu erfolgen.

Strand von Westerland

Auf der Insel Sylt gehört der Strandkorb ebenso zum Strandleben wie an anderen deutschen Küsten – schützt er doch vor Wind und Wetter und gibt den Menschen das Gefühl, auch am Strand „zuhaus" zu sein. Doch der Strandkorb wurde nicht an der Nordsee erfunden, sondern er stammt aus dem Ostseebad Warnemünde, wo man bereits im Jahre 1878 seine Zweckmäßigkeit ausprobierte. Wenige Jahre vor der Jahrhundertwende benutzte man Strandkörbe auch auf Sylt.

Strandkörbe bei Westerland

Ein farbiges Bild mit vielen Menschen bietet bei gutem Wetter immer wieder die Strandpromenade von Westerland. In der Musikmuschel spielt das traditionelle Kurorchester, das sehr beliebt ist und viele Gäste anlockt. Man vermutet nicht, daß hier während der Herbst- und Winterstürme haushohe Wellen mit großer Gewalt hereinbrechen können und die Kurpromenade in einen unwirtlichen Ort verwandeln.

Kurpromenade, Westerland

In Westerland hat man gleich mehrere Möglichkeiten, sich an jeder Art von Fisch gütlich zu tun. In der Boysenstraße, Ecke Friedrichstraße, kann der hungrige Gast ein Fischbrötchen, eine Fischsuppe, Krabben oder geräucherten Aal in zwangloser Atmosphäre mit einem Glas Weißwein oder Champagner genießen. Dabei läßt sich so vorzüglich mit den anderen Gästen plaudern.

Westerland, Boysenstraße Ecke Friedrichstraße

Wenige Kilometer nördlich von Westerland der Strand von Wenningstedt mit der hohen Kliffkante, die ein Begehen nur über eine hohe Holztreppe zuläßt. Gerade dieser Küstenabschnitt ist durch die starken Herbst- und Winterstürme besonders gefährdet. Hier ist es immer wieder zu erheblichen Abbrüchen gekommen, die für die nahegelegenen Häuser existenzbedrohend sind. Das Befestigen des Strandes mit den sogenannten „Tetrapoden“, zentnerschweren vierarmigen Betonklötzen, hat nicht zum gewünschten Erfolg geführt. In jüngster Zeit bevorzugt man gewaltige Sandvorspülungen, die zu einer Erhöhung des Strandes führen und damit die Küste besser schützen.

Strand von Wenningstedt

Es waren offensichtlich die leuchtenden Blumen und der gepflegt angelegte Vorgarten, die den Künstler zu diesem Bild angeregt haben. Der Vorgarten gehört zum Café „Möwennest", nicht weit vom Strand von Wennigstedt gelegen.

Pension in Wenningstedt

Ein großer Badeort mit familiärem Charakter ist es geworden, das 1859 zum Kurbad erklärte Wenningstedt. Der idyllisch gelegene Dorfteich ist von Ortsunkundigen nicht gleich zu entdecken, liegt er doch etwas abseits vom Kliff. In der Nähe befindet sich die kleine 1915 erbaute Friesenkapelle. Besonders interessant ist der „Denghoog", ein Hünengrab aus der Jungsteinzeit, das 1868 geöffnet wurde und zu besichtigen ist.

Dorfteich von Wenningstedt

In zarten Farben, gleichsam wie auf Seide gemalt, hat der Künstler Himmel und Meer an einem Sommerabend im Bild festgehalten. Es weht ein leichter Wind von Osten, das Meer hat sich beruhigt und liegt still wie ein Binnensee. Die Strandeinsamkeit , mit der Weite des Meeres und des Himmels befreit – die Gedanken kommen zur Ruhe. Die Einheimischen wissen, daß bei Ostwind und ruhigem Wetter immer wieder die unbeliebten Quallen ans Ufer treiben.

Strand nördlich von Wenningstedt

Der Sylter Golfclub, der 1982 gegründet wurde, besitzt bei den vorgeschichtlichen Grabhügeln in der Nähe des Leuchtturmes von Kampen eine vorbildliche 18-Loch-Anlage. Von der Spielbahn 3 und 4 hat man einen großartigen Blick über die Braderuper Heide und das Wattenmeer bis hin zum Morsumkliff. Große Wasser-, Heide- und Arnikaflächen geben dem Platz eine besondere Atmosphäre. Erst 1992 wurde das Clubhaus fertiggestellt.

Golfanlage von Kampen mit neuem Clubhaus

Eine überwältigende Symphonie aus dem farbigen Licht der Abendsonne und den sich verändernden Formen der Wolken", so beschrieb der Maler den abendlichen Himmel über dem Leuchtturm von Kampen. Bei den sagenumwobenen „Brönshügeln" auf der höchsten Erhebung der Insel, nicht weit vom heutigen Golfplatz, wurde 1855 unter dem dänischen König Friedrich VII. der 38 m hohe Turm erbaut. Das „Leuchtfeuer Rotes Kliff", wie der Kampener Leuchtturm offiziell heißt, schickt sein Licht im Umkreis von 20 Seemeilen über Nordsee und Wattenmeer hinaus.

Leuchtturm „Rotes Kliff“, Kampen

Ein erfrischender Morgen am „Roten Kliff“ von Kampen. Beeindruckt ist der Strandwanderer von der hoch aufsteigenden Küste mit dem rotbraunen Geschiebelehm, von dem das Kliff seinen Namen hat. Auch hier haben die gefährlichen Herbst- und Winterstürme vergangener Jahre dem Land zugesetzt. Es kam für die nahe gelegenen Häuser zu bedrohlichen Abbrüchen und heute versucht man auch hier mit Sandvorspülungen, neuerdings auch mit Kunststoffmatten, die Küste zu sichern. Für Geologen ist das „Rote Kliff“ von besonderem Interesse, lassen sich hier doch die unterschiedlichen Erdschichten mit ihren Ablagerungen erkennen und zurückverfolgen über die drei Eiszeiten bis hin zum Jungtertiär.

Das „Rote Kliff“ bei Kampen

Nicht weit vom „Roten Kliff“ gibt es ein bekanntes Lokal, das sich „Gogärtchen“ nennt und in der Tat auch einen kleinen Vorgarten besitzt. Es ist ganz im Kampener Stil gebaut und reetgedeckt. Das Ortsstatut schreibt vor, daß alle Häuser in Kampen reetgedeckt sein müssen. Der Name „Gogärtchen“ gibt so manchem Gast wohl Rätsel auf, doch kommt er nicht von ungefähr. Aus dem Familiennamen von Frau Inge Gogarten, der dieses schöne Haus gehörte, entstand „Gogärtchen“.

„Gogärtchen", Kampen

Das auf einem Geestrücken höher gelegene Dorf Kampen erstreckt sich von der Steilküste des „Roten Kliffs“ im Westen bis zum Wattenmeer mit einer Entfernung von einem knappen Kilometer. Von der „Uwedüne“ (52 m über dem Meeresspiegel) unweit vom Kliff hat man einen unvergleichlich weiten Rundblick über die Insel und das Meer. Im Norden erstreckt sich in weiten Flächen die Heide, die in ihrer Blütezeit unter der wärmenden Sonne einen ganz eigenen Duft entfaltet. Etwas versteckt, doch mit einer weiten Aussicht über Wiesen, Vorland und die gesamte Bucht, liegen im Osten an der Wattseite prachtvolle neue Häuser.

Heide und Wattenmeer nördlich von Kampen

Das Ortsbild von Kampen hat sich in den letzten Jahrzehnten sehr verändert. Hier im alten Ortskern, hinter den knorrigen alten Bäumen wurde ein altes Friesenhaus mit viel Überlegung umgebaut und renoviert. Es bekam ein neues Reetdach und behielt so seinen ursprünglichen Stil. In diesem Haus befindet sich eine Boutique und das Restaurant „Strünker's". Diesseits der „Alten Dorfstraße" liegt der bekannte „Dorfkrug", von dem aus der Künstler dieses Bild malte.

„Alte Dorfstraße“, Kampen

Bereits 1950 ließ der Bildhauer und Besitzer Günter Rieck aus einer ehemaligen Bunkeranlage mit großem Geschick ein Künstlerlokal bauen, das aus einem raffinierten, katakombenartigen Labyrinth aus Gängen, Nischen, Räumen und Treppen besteht. Hierin befinden sich ein Feinschmeckerrestaurant und ein Nachtlokal, eine Galerie und ein Café, das im Sommer besonders auch draußen betrieben wird.

„Kupferkanne“, Kampen

Die „Kupferkanne“ liegt in einer gepflegten parkähnlichen Anlage, für deren Ausgestaltung der Besitzer einst dreißigtausend Bäume und Sträucher pflanzen ließ. Daß diese nicht zur ursprünglichen Landschaft gehören, würde man heute kaum vermuten. Von hier aus hat man einen weiten Rundblick über die sich anschließende Heide und das Wattenmeer.

Wattenmeer, von der „Kupferkanne“ aus gesehen

So mancher Besucher ist sehr bald fasziniert von der Vielfalt an Naturschönheiten, die diese Insel bietet. Ein Sonnenuntergang an der bewegten Seeseite, ein aufkommendes Gewitter oder Sturm und Regen können gleichermaßen beeindruckend sein wie eine klare Mondnacht oder ein Sonnenaufgang über dem Wattenmeer. In der Nähe von Kampen an der Wattseite entstand dieses Aquarell, das die Frische und die Klarheit eines beginnenden Tages ausstrahlt und sicherlich zu den treffendsten Bildern des Malers gehört. Es entstand während seines ersten Sylt-Aufenthaltes 1965.

Sonnenaufgang über dem Wattenmeer bei Kampen

Nach einem Rundgang durch die 1988 zum Teil wieder hergerichtete Kampener Vogelkoje, einer Wildentenfanganlage aus dem 18. Jahrhundert, mag man sich verwöhnen lassen im Restaurant „Vogelkoje", auf gleichem Gelände gelegen. Die nach holländischem Muster konzipierte Entenfanganlage besteht aus einem künstlichen Süßwasserteich, von dem in verschiedenen Richtungen schmale Gräben abzweigen, die sogenannten „Fangpfeifen", die früher mit Netzen abgedeckt waren. Zum Anlocken der im Herbst von Norden her durchziehenden Wildenten wurden auf dem Teich zahme Enten, „Lockenten", gehalten. Von deren Geschnatter angezogen, fielen die Wildenten hier in Scharen ein. Die „Lockenten" wurden in den „Fangpfeifen" gefüttert, die Wildenten folgten ihnen. Ein Wärter trieb sie bis ans Ende der „Pfeifen", wo sie in Reusen gefangen und getötet wurden. Nicht nur damals galten Wildenten, gebraten oder in „Sauer eingelegt", als besondere Leckerbissen. Seit etwa 1920 wird die „Vogelkoje" nicht mehr betrieben.

Restaurant „Vogelkoje“ nördlich von Kampen

Ein Sonnenuntergang, wie hier an der Seeseite der Insel, ist für den Syltbesucher immer wieder ein faszinierender Anblick. Wer nimmt sich dann nicht die Zeit, um auf eine nahegelegene Düne zu steigen und dem grandiosen Naturschauspiel sich ständig verändernder Farben und Wolkenformen zuzusehen, bis die Sonne am Horizont ins dunkle Meer eingetaucht ist. Ein schöner Sonnenuntergang kündigt gutes Wetter an.

Weststrand nördlich von Kampen

Ein neuer Tag beginnt. In langen sich brechenden Wellen versucht die tiefblaue See immer wieder den Strand zu erobern. Den zeitlichen Wechsel von Ebbe und Flut nennt man Gezeiten. Dieser Wechsel vollzieht sich zweimal in etwa 25 Stunden, verursacht durch die Anziehungskraft von Mond und Sonne. Dabei verschiebt sich der Höchststand von Ebbe und Flut täglich um eine Dreiviertelstunde. Badende sollten wissen, daß man bei ablaufendem Wasser wegen der gefährlichen Unterströmung das Wasser verlassen sollte. Unterhalb der Dünen sieht man Sandfangzäune aus Reisig, mit denen versucht wird, den Sand zu halten. Von weitem sehen sie aus wie ein Teppichmuster.

Weststrand von List

Selten findet man auf einer Insel so große landschaftliche Gegensätze wie auf Sylt. Da gibt es die schroffe Steilküste von Wenningstedt und Kampen, den Flachstrand von Hörnum, das baumreiche Keitum oder die Wattwiesen im Anwachs bei Keitum oder von „Rantum Inge". Bei der großen Wanderdüne von List fühlt man sich gleichsam in eine Mondlandschaft versetzt, in der es keine Bäume gibt. Doch sind die weiten Dünentäler mit Heidekraut bewachsen, und hier und da entdeckt man gelbweiße Dünenröschen, graublaue Stranddisteln und verschiedene Arten von Beeren. Auch dieses Gebiet steht unter Naturschutz.

Große Wanderdüne bei List

Nördlich von List, eingeschlossen im Halbrund des „Ellenbogens" liegt der sogenannte „Königshafen", der im eigentlichen Sinne kein Hafen mehr ist – auf dem Bild gen Südosten gesehen. Im Seegebiet des Lister Tiefs kam es 1644 zu einer großen Seeschlacht zwischen den verbündeten Schweden und Holländern einerseits und den Dänen unter Führung des Dänenkönigs Christian IV. andererseits. Seit dem überlegenen Sieg des Dänenkönigs, der hier vor Anker ging, heißt diese Bucht „Königshafen".

„Königshafen“

Beim Anblick dieses Abendhimmels über List mit dem geduckten Friesenhaus und der Kirche St. Jürgen ist der Betrachter leicht in eine behagliche Stimmung versetzt, zu der ein wärmendes Kaminfeuer und ein heißer Grog gehören. Aus dem einst so kleinen List ist ein großer Ort geworden mit dem Hafen, der Anlaufpunkt der dänischen Fähre von Röm ist. Viele Feriengäste kommen inzwischen über diesen Weg nach Sylt. Es liegen Ausflugsschiffe im Hafen, Sportsegler und vor allem der Seenotrettungskreuzer, immer alarmbereit. Geprägt wurde List durch die Stationierung der Marine und berühmt durch die Marineversorgungsschule in der die künftigen Schiffsköche „bootstypgerecht“ ausgebildet werden. Bekannt ist List auch durch die Austernzucht, die auf Sylt, wenn auch mit Unterbrechungen, seit mehr als hundert Jahren betrieben wird.

List mit Kirche „St. Jürgen“, von der „Alten Dorfstraße“ aus gesehen

So mancher Besucher beginnt oder beendet seinen Syltaufenthalt gern mit dem Genuß einer der begehrten Fischspezialitäten, die es an den berühmten Imbißbuden am Hafen gibt. Hier hat der Künstler drei Krabbenkutter im prächtigen Farbenspiel eines Sonnenuntergangs auf japanischem Reispapier aquarelliert. Die Krabbenfischer der Nordsee legen nicht nur in Husum oder Büsum an, um dort ihre Fänge auf den Markt zu bringen, sondern auch auf Sylt im Lister und Hörnumer Hafen. Die bereits an Bord abgekochten Krabben werden am Hafen fangfrisch verkauft.

Krabbenkutter im Lister Hafen

Der „Königshafen“ mit dem schmalen Dünenstreifen des „Ellenbogens“, von List aus gesehen. Zum „Ellenbogen“ führt von List eine Straße, die dem Naturfreund, dem Sonnenhungrigen oder dem Windsurfer erlaubt, in eines der schönsten Dünengebiete und an die entlegensten Strände der Insel zu gelangen. Eine Wanderung um die Spitze des „Ellenbogens“, dem nördlichsten Punkt Deutschlands, ist ein Erlebnis. In der Einfahrt zum „Königshafen“ liegt das kleine Eiland „Uthörn“, auf dem unzählige Seevögel wie Möwen, Seeschwalben, Austernfischer, Rotschenkel, Strandläufer und Regenpfeifer ein ungestörtes Brutgebiet haben. Die Insel darf nicht betreten werden und wird vom Bund für Vogelschutz betreut.

„Königshafen“ mit „Ellenbogen“

Ein Sonnentag am „Ellenbogen". Wenngleich sich die alten Stahlbuhnen auf dem Bild recht malerisch ausnehmen, so sind sie doch für die Badenden eine Gefahr. Einst hatte man sie metertief in den Sandboden gerammt, um die Gewalt der Wellen zu brechen. Doch im Verlauf von Jahrzehnten haben sie sich nicht bewährt und konnten die Angriffe des Meeres auf die Küsten nicht erfolgreich abwehren. Die Beseitigung der verrosteten Buhnenreste ist eine aufwendige und kostspielige Arbeit und wird daher noch Jahre beanspruchen.

Buhnen am „Ellenbogen“

Ein goldgelber Abendhimmel spiegelt sich in den Prielen wider, wie hier im nördlichen Wattenmeer. Priele sind die Abflüsse des Meeres bei Ebbe, die Zuflüsse bei Flut. Bei Ebbe führen die Priele selbst bei Tiefststand noch Wasser. An der Spitze des „Ellenbogens" strömen bei Flut etwa 500 Millionen Kubikmeter Wasser ins nördliche Wattenmeer ein und bei Ebbe wieder aus – ein ergreifendes Naturschauspiel, wenn man sich die Zeit zur Beobachtung nimmt.

Ablaufendes Wasser bei List

(Fortsetzung von Seite 10, zur Geschichte der Insel)

verhältnisse, wie Nebel oder Sturm, recht abenteuerlich und gefahrvoll verlaufen. Im Winter, wenn im Wattenmeer bei Frost starker Eisgang herrschte, war eine Überfahrt von und zum Festland kaum möglich, was für die Inselbewohner kritisch werden konnte. Dauerte eine Frostperiode an, schoben beherzte Männer, die sich im Watt besonders gut auskannten, ein Eisboot über das teilweise zugefrorene Wattenmeer, um vom Festland lebenswichtige Güter zu holen, vor allem auch Medikamente und die Post. Wie strapaziös und gefahrvoll ein solches Unternehmen war, kann man sich heute kaum vorstellen. Es gibt darüber viele Berichte.

Das „Bad" Westerland wurde 1855 von dem Arzt Dr. Ross aus Altona und einigen Syltern gegründet. Dr. Ross hatte die Heilkraft des Nordseewassers und des Sylter Klimas erkannt. Von nun an wurde der Ausbau der bis dahin unzureichenden Verkehrsverbindungen immer dringlicher. 1867 bekam Munkmarsch eine kleine Hafenanlage und später dann auch eine Anlegebrücke für die Dampfer der „Sylter Dampfschiffahrtsgesellschaft" und es bestand jetzt eine *regelmäßige* Schiffsverbindung von Munkmarsch nach Hoyerschleuse (heute Dänemark), der Fahrplan richtete sich jedoch nach Ebbe und Flut.

Die Unterbringung und Beköstigung der ersten Gäste bereitete anfangs einige Schwierigkeiten. Zunächst wohnte man privat. Erst im Verlauf der Zeit entstanden Hotels, Logier- und Gasthäuser. Man richtete sich mehr und mehr auf Badegäste ein, die zu der Zeit überwiegend aus den Städten kamen, aus guten Verhältnissen und an einen gewissen Komfort gewöhnt.

In einem Artikel von 1860 ist zu lesen: „Wer nach Sylt geht, muß daher bis jetzt nicht erwarten, einen mit allem erdenklichen Luxus ausgestatteten Badeort Westerland zu finden, dieses ist vorerst unmöglich. Wohl aber kann er gewärtig sein, ein herrliches Bad, eine ebenso herrliche Luft, einfache reinliche Quartiere, gefällige freundliche Wirtsleute und eine reiche interessante Natur anzutreffen. Vorzüge, die ihm kein anderes Nordseebad in so hohem Maße bietet, und welche man aus voller Überzeugung anpreisen kann."

Dr. Jenner, ein Sylter Arzt, plädierte bereits 1870 dafür, nur nackt zu baden, und gab folgende Regeln: „Es kann unter allen Umständen nur das vollkommene Bad des ganzen Körpers nützen“, und der Arzt empfahl: „Man beginne mit zwei bis drei Wellen, vermehre sie später auf vier bis sechs.“ Doch sollte es noch lange dauern bis zum heutigen FKK-Strand auf Sylt!

Es gab auch Vorschriften wo und wie lange im offenen Meer gebadet werden durfte. Damenbad und Herrenbad waren streng voneinander getrennt und wehe, wenn sich eine männliche oder weibliche Person während der vorgeschriebenen Badezeiten zwischen 6 und 13 Uhr in das „verbotene Gebiet“ verirrte! Die Trennung der Badestellen wurde 1902 bedingt aufgehoben und es gab dazwischen das Familienbad für Ehepaare und Kinder. Zum Umkleiden benutzte man Karren, die am Strand aufgestellt waren. Badewärter und -wärterinnen waren gegen ein beliebiges Trinkgeld behilflich, aber man beklagte sich gelegentlich über die groben Badetücher der Badefrauen! Unterhalb der Dünen gab es später hölzerne Kabinen.

Die Mode war der Zeit entsprechend: Die Damen trugen Badeanzüge aus bunten Baumwollstoffen mit Puffärmeln und Rüschen, die Hosenbeine bis zur Wade, ebenso mit Rüschen, damit der Körper weitgehend bedeckt war. Auch die Bademode der Herren würde heute belächelt, lang und quergestreift mit Hosenbeinen bis ans Knie.

Um die Jahrhundertwende wurden nach und nach in Westerland die sogenannten Strandanlagen gebaut: Wandelbahnen, Strandhallen und ein Musikpavillon, alles aus Holz. Hier hatten besonders die Damen Gelegenheit, die Mode zu präsentieren. 1911 wurde ein Teil dieser Strandanlagen durch ein Feuer vernichtet, und die See holte sich bei einer folgenden Sturmflut auch noch ihren Teil.

Die heutige Strandpromenade entstand 1912. Es wurde eine hohe Strandmauer aus Sandbeton gebaut und zur Seeseite mit Rotsteinen verblendet. Es entstanden neue Wandelhallen und ein Musikpavillon. Steinerne Treppen führten zur Friedrich- und Strandstraße und zu den damaligen oberen Strandhallen. Das Gebiet zwischen den Strandanlagen und der Maybachstraße war zu der Zeit noch fast unbebaut.

Nicht lange nach Westerland entwickelte sich auch in Wenningstedt und in Kampen das Badeleben. Auch Keitum, das „Grüne Herz der Insel" genannt, war bald ein beliebter Luftkurort. Anfangs gelangten die in Munkmarsch ankommenden Gäste noch per Pferdekutschen über nicht ausgebaute Wege in die einzelnen Kurorte.

Als die Gästezahl zunahm, wurde bereits im Juli 1888 die erste Kleinbahnstrecke zunächst von Westerland nach Munkmarsch zur Anlegebrücke der Dampfer aus Hoyerschleuse, gebaut. Zu der Zeit gab es weder nach Hörnum noch nach List ausgebaute Straßen, ein einfacher Weg führte an der Wattseite der Insel zu diesen Orten. Die „Hapag" hatte großes Interesse an einer Bahnlinie von Hörnum nach Westerland, um den Gästen der Bäderschiffe von Hamburg über Cuxhaven und Helgoland nach Hörnum das Weiterkommen zu erleichtern. So wurde die Kleinbahnlinie Hörnum-Westerland am 1. Juli 1901 eröffnet. Ab 1903 fuhr dann eine Bahn von Westerland nach Wenningstedt und Kampen. 1908 schließlich führte man diese Strecke weiter nach List im Norden. Nicht nur für die Badegäste, sondern auch für die Bewohner der abgelegenen Orte war die Bahnverbindung eine große Erleichterung.

Der langgehegte Wunsch der Insulaner, auch eine Bahnverbindung über einen Damm zum Festland zu haben – erste Pläne erwähnt der Chronist Christian Peter Hansen bereits 1867 in einem Brief – und endlich unabhängig vom Schiffsverkehr mit allen seinen Unwägbarkeiten zu sein, konnte sich erst nach dem 1. Weltkrieg erfüllen.

Begonnen wurde mit dem Bau des Dammes durch das Wattenmeer im Jahre 1923, der nach jahrelanger, mühevoller Arbeit und immer neuen technischen Schwierigkeiten sowie dem Einsatz von vielen Arbeitskräften 1927 fertiggestellt wurde. Der Bau dieses Dammes galt zu jener Zeit als größtes Bauwerk Europas. Die Einweihung war ein großes Ereignis und wurde besonders in Westerland festlich begangen. Auf allen neuen Bahnhöfen von Niebüll bis Westerland hielt der Zug und viele Menschen begrüßten mit Blumen und Huldigungen den Reichspräsidenten von Hindenburg, der die Bahnlinie nach Sylt mit dem ersten Zug eröffnete. Nach dem Reichspräsidenten wurde der Damm „Hindenburgdamm“ genannt. Damals konnte niemand ahnen, wie sehr diese Verkehrslinie einmal in Anspruch genommen werden und zur Entwicklung des Fremdenverkehrs beitragen würde.

Die Einrichtung von Autozügen nach dem 2. Weltkrieg hatte zur Folge, daß mit dem Fremdenverkehr auch der Autoverkehr auf der Insel rasch zunahm. Die „romantische“ Inselbahn, die Jahrzehnte lang zum „Inselerlebnis“ gehört hatte, war unrentabel geworden und wurde 1970 stillgelegt.

Nicht nur in den großen Orten der Insel, sondern auch in den ruhigeren Ostdörfern Morsum und Archsum entwickelte sich in den letzten Jahrzehnten der Fremdenverkehr. In Morsum wurde ein Kulturzentrum geschaffen durch den Bau des „Muasem-Hüs“; auch befindet sich dort in schöner Lage ein 9-Loch-Golfplatz. Bei den Gästen sind die Wanderungen durch das Naturschutzgebiet zum Morsumkliff und an den Nösse-Deich sehr beliebt, wobei ganz besonders die Ruhe und die Weite dieses Teils der Sylter Landschaft geschätzt werden.

Wolfgang Heinrich

wurde am 16. Januar 1928 in Berlin geboren und erlebte seine Kindheit in der alten Reichshauptstadt. Erste Aquarelle entstanden im Alter von dreizehn Jahren. „Als Schüler bin ich oft mit dem Fahrrad 'rausgefahren, habe Malblock und Tuschkasten mitgenommen und in der Natur gemalt", erinnert sich der Künstler gern an seine Jugendzeit vor dem Krieg.

Eltern wie Lehrer erkannten das Talent und unterstützten ihn. Sein Großvater, der Berliner Bildhauer Hermann Miethke, bekannt durch seine Arbeiten an den Deutschen Reichsbank-Gebäuden, hoffte im stillen, sein Werkzeug an seinen Enkel weitergeben zu können. Nun ermutigte er den Jungen bei seinen Malversuchen. Eine Wand im Wohnzimmer der Großeltern war nur für seine Bilder da.

1943 wurde Wolfgang Heinrich mit der Schule nach Zittau-Hörnitz evakuiert. Der Rektor befreite ihn an manchen Tagen vom nachmittäglichen „Ausmarsch", damit er draußen malen konnte.

Sechzehnjährig wurde er als „Luftwaffenhelfer zur Verteidigung Berlins" eingezogen. Auch oder gerade in dieser Zeit malte Wolfgang Heinrich: Fliegerangriff, Flakscheinwerfer, das brennende Berlin. Ein Jahr später, am 2. Mai 1945, geriet er in amerikanische Gefangenschaft und wurde mit vielen anderen jungen Soldaten nach Frankreich transportiert. In dem berühmt-berüchtigten amerikanischen Gefangenenlager CC PWE Nr. 19 in der Normandie traten nach Wochen bessere Verhältnisse ein. Da tauschte er schon einmal ein Stück Brot gegen einen Bleistiftstummel, um zeichnen zu können. Einige dieser frühen Werke hat Wolfgang Heinrich über den Krieg und die Flucht aus Ostberlin retten können.

Wolfgang Heinrich in seinem Herforder Atelier

Aus der Gefangenschaft entlassen, diente die Malerei auch dem Broterwerb. Ein Freund der Eltern, der in einer Farbenfabrik beschäftigt war, versorgte ihn mit Farbtüten. Unter Zusatz von Leinöl stellte Wolfgang Heinrich die Farbe selbst her und als Malgrund mußten Pappen und alte Zeltbahnen herhalten. Er verkaufte Bilder oder tauschte sie ein gegen Lebensmittel: „Ich bin auf die Dörfer gefahren und habe die Höfe der Bauern gemalt. Auf dem Heimweg hatte ich oft den Rucksack voller Kartoffeln."

Das Studium der Kunsterziehung und Malerei an der Pädagogischen Hochschule in Berlin brachte den Autodidakten in seiner künstlerischen Entwicklung weiter voran. Unter der Anleitung des bekannten Lehrers und Malers Professor Herbert Jacob erkannte der Student, daß die Farben in der

Natur beeinflußt werden vom jeweils vorherrschenden Licht: „Gegenstände erhalten durch ihre Umgebung eine andere Farbigkeit. Eine weiße Schüssel ist für einen Maler nicht mehr weiß, wenn sie auf einem farbigen Tuch steht. Baumstämme sind nicht nur braun oder grau, in der Abendsonne können sie sogar orangefarben leuchten und im Winter erscheinen sie grün durch angesetztes Moos!“ Diese genaue Beobachtung der „Erscheinungsfarbe“ gab seinen Arbeiten eine neue Qualität.

1954 heiratete er seine Kollegin Ruth Zückert. Gemeinsam versuchten sie nun, ein Leben in der DDR aufzubauen. Das erwies sich für denjenigen als schwierig, der eigene Wege gehen wollte. Als Parteiloser fand Wolfgang Heinrich keine Unterstützung von staatlicher Seite. Sowohl auf die für Künstler üblichen Materialzuteilungen, als auch auf Auslandsreisen mußte der parteilose Maler verzichten und durfte nicht einmal Bilder privat verkaufen. Seine pädagogische Arbeit an der Oberschule hingegen fand Anerkennung. Das zeigte sich unter anderem darin, daß man ihn zum Tutor an der Humboldt-Universität berief. Hier hatte er die Kunststudenten zu betreuen, die bei ihm ihr Praktikum ableisteten.

Seine Vorliebe galt der Schaffung großer Wandbilder, die von den Schülern einer Klasse als Gemeinschaftsarbeit erstellt wurden: „Ich bin immer gerne Lehrer gewesen, es liegt mir, Dinge weiterzugeben!“ Gemeinschaftsarbeiten mit Schülern entstanden auch nach seiner Übersiedlung nach Herford, zu der sich das Ehepaar 1958 entschlossen hatte.

In seiner neuen Heimat fand Wolfgang Heinrich bald Anerkennung und die Aquarellmalerei stand nunmehr im Mittelpunkt seines Schaffens. Schließlich brachten die Reisemöglichkeiten eine Fülle von neuen Eindrücken, denn die Reiseziele wurden häufig unter dem Aspekt seines künstlerischen Interesses ausgesucht. Wolfgang Heinrichs umfangreiches Werk enthält Studien aus den Alpen, aus England, Nordirland, Italien, Persien und Seebilder.

Der Herforder Künstler malt heute vornehmlich Landschaften und Stilleben. „Aus der Erinnerung male ich selten. Ich muß mich anregen lassen von einem Stückchen echter Natur. Mit der Feldstaffelei in der Landschaft zu arbeiten und die Natur auf mich wirken zu lassen, ist für mich wichtig. Doch blauer Himmel und strahlende Sonne sind nicht besonders inspirierend. Ich mag vielmehr Abendstimmungen oder manchmal sogar schlechtes Wetter.“

Die Begegnung mit den Bildern Noldes ließ ihn erkennen, welche Reize die Landschaft Norddeutschlands auf einen Maler ausüben kann. So entwickelte auch er eine Vorliebe für die Gestaltung des Himmels über weitem, flachen Land.

Die freundschaftlichen Beziehungen des Ehepaares Heinrich zur englischen Garnison in Herford führten 1971 zur Begegnung mit einem Offizier, dessen Frau eine Galerie in London besitzt. Sie bot dem Maler eine Ausstellungsmöglichkeit an, die er gern wahrnahm. Ein Jahr später wurde eine zweite Ausstellung in der Crystal Palace Gallery arrangiert, und die Galeristin reichte einige Arbeiten ein zur großen englischen Kunstausstellung in den Mall-Galleries. Drei Arbeiten wurden angenommen, und in der Londoner Zeitung „Arts review“ beschrieben. In jenem Jahr wurde Wolfgang Heinrich in den englischen Künstlerbund F.P.S.-Free Painters and Sculptors aufgenommen.

Wolfgang Heinrich malt auch in Öl und ist ein hervorragender Linolschneider. Doch das dominierende Gestaltungsmittel bleibt für ihn die Aquarellfarbe. Dieses Medium gestattet ihm, Bilderlebnisse auszudrücken, die mit anderen Techniken nicht vermittelt werden können. Er arbeitet nur mit Lasurfarben, die vorher klar und bestimmt auf der Palette angemischt worden sind. Meist setzt er sie in großzügigen Pinselschlägen aufs Papier, der Farbauftrag ist unregelmäßig und verfließend und entspricht damit dem Wesen der Aquarellmalerei. Nur hin und wieder verhindert er durch schmale Stege das Ineinanderfließen der Farben. Die Aquarellmalerei fordert eine Malweise, bei der die Farben schnell und direkt, aber auch unkorrigierbar aufgetragen werden. Die Bilder sind spontaner Ausdruck eines unmittelbaren Schaffensimpulses und daher von besonderem Reiz.

Skizzieren eines Motivs am Weststrand

Wolfgang Heinrich wirkt heute, nach seiner fast 40jährigen pädagogischen Tätigkeit, als freier Maler und Graphiker in Herford.

Bisherige Veröffentlichungen:

1972, 1979, 1981 Kalender mit Herforder Stadtmotiven im Linolschnitt.

1973, 1974, 1975 Mappen mit Radierungen und Zeichnungen von der Stadt Herford, dem Kreis Herford und von der Stadt Lemgo.

Buchveröffentlichungen:

„Herford-Portrait einer Stadt", Aquarelle und Linolschnitte, Herford 1985, Verlag Busse Seewald.
„Porta Westfalica", Aquarelle und Zeichnungen, Hausberge 1986, Verlag Jaensch und Arensmeyer.
„Bielefeld-Stadt am Teutoburger Wald", Aquarelle und Zeichnungen, Herford 1988, Busse Seewald.
„Lipperland", Aquarelle, Lage 1989, Verlag Haberbeck.

Wolfgang Heinrich am Morsumkliff

Inhalts- und Bilderverzeichnis